wolfgang hilbig

die versprengung
gedichte

s. fischer

**COLLECTION
S. FISCHER**

Herausgegeben von
Thomas Beckermann

Band 50
© 1986 S. Fischer Verlag GmbH, Frankfurt am Main
Originalausgabe:
Veröffentlicht im Fischer Taschenbuch Verlag GmbH,
Frankfurt am Main, September 1986
Umschlagentwurf: Rambow, Lienemeyer, van de Sand
unter Verwendung einer Fotografie von Dietrich Oltmanns
Gesamtherstellung: Wagner GmbH, Nördlingen
Printed in Germany 1986
980-ISBN-3-596-22350-4

Das lyrische Ich dieser neuen Gedichte von Wolfgang Hilbig, die den Weg des Autors vom unbekannten Arbeiter in eine schriftstellerische und damit »öffentliche« Existenz begleiteten – ein Weg, der sich eher als ein Gang in »die versprengung« ausnimmt –, vermag sich nicht mehr als ein geschlossenes Ich auszusprechen, wie es dies früher, freilich im Modus einer »abwesenheit« vom Ich, mit offensichtlicher Naivität noch konnte. Damals schien die Sehnsucht nach Anwesenheit mitartikuliert zu sein. Doch der Dunstkreis, den die bloße Gegenüberstellung jenes zweiten Wortes anbot, ist an vielen Stellen zerrissen.

Hilbigs Autoren-Ich ist realer geworden – und beginnt somit zu verschwinden. Unermüdlich bemüht es sich, seine Projektionen auf ein anderes Ich in einer anderen Wirklichkeit, die phantastische Züge trägt, aufzudecken, um dieses Verschwinden zu verhindern. Phantastische Wirklichkeit will aber immer auch der Versuch einer Grenzüberschreitung sein: die Grenzen der Abwesenheit.

Auf diesem Weg geht es nicht mehr nur um einen Zustand, von dem es in dem ersten Band hieß: »... anonym / der schreiber wird nicht mehr gebraucht«; es geht darum, »die sonne des scheiterns emportauchen« zu lassen. Die Welt des Autors ist eine geteilte Welt; diese letztmögliche Form von Realismus verleugnen die Texte nicht. Alles sonst kreist um Meeresnähe, Liebesnähe, dunkle Nähe – phantastische Anforderungen, mit denen sich das lyrische Ich gegen und zugleich an den Autor wendet. Gesucht wird dabei nicht Einheit, sondern »zwiefalt«, d. h. die Hoffnung, daß Abwesenheit und Anwesenheit sich gleichberechtigt zu übersteigen beginnen, was eine kalte Einheit nicht möglich erscheinen ließe. Wolfgang Hilbigs neue Gedichte fordern die Leser auf, an diesem »tanz auf der mauer«, der daraus entsteht, teilzunehmen.

die versprengung

I

der eingang   für s.

seife
aus dem mond zwischen uns. geld
am himmel. und ich werde bis aufs blut gereinigt
kalt rasiert bis auf mein skelett unter gestirnten
bäumen die im mark verrotten. wo ich verwandelt
werde ins negativ eines rendez-vous: o warten
welch eine traurige karriere . . .
schreckliches bürgertum das mich nicht treffen will
ich habe es um dich betrogen
                              du liebst
mein knochenuniversum das der wirklichkeit entgegensteht
die sich aus der gewißheit meines daseins fortstahl.
fort . . . denn das dasein bleibt uns nur gewiß
um uns noch einmal zu beflecken mit der finsternis
um nicht in unschuld zu vergehen in dem loch
von gnadenloser reinheit . . .
                              aus dieser lichten grube fort
auf die ganz ohne lust und zorn ich zukroch
in wirklichkeit verwandelt in ergebenheit
in der ich war um nichts zu sein als dieser: ort

ankerlos lautlos schmerzlos gehörlos
so kaum gestuftes material des siebten tags der schöpfung:
als er uns glaubte daß es gut war führten
wir diesen harten marmor auf
                          zu formen uns
nach seinem bild auf sinkenden terrassen
mit dem die riesennächte seines schattens schliefen
hinabgetürmt ins eis . . . sonnen monden aller ufer
preisgegeben
standbilder die (gestaltlos wie sein name
unglaube schleift
                    vor treppen in die flut gestürzt
umspült vom irrlicht das sein greises aug erfand

diese von lichtahnen überkommene nacht
wird dunkler dunkler von nachfahr zu nachfahr
die väter im finstern schon immer
niemals mehr sichtbar ach
in der kälte reifumschlossener hirne geschmiedet
der trügerischste ihrer namen
                              gott
und ganz bewohnt von diesem dunst der raum
und eh der sohn den enkeln sich entweihte
auch er schon trug im unerhörten unsichtbaren
weltentfernter stern der unbeachtet stürzte (vaterstimme
o weißes verheeren vergangener parke
im fatumslaub der frühlingsnacht
fleischduftender neuschnee
und im dunkel gebliebenen blut jene kalten nabel von namen

land aus geruch: wie es fliegt aus kaminen
von braunen fahnen abgewehtes gottgeröchel
wie immer erzittert verschwimmt die geschichte:
ganz konsonante nacht
                          sie ist schon der rauch
aller folgenden tage der von den dächern läutet.
im geschlossenen frieden landen die schatten
von pfählen im schoß der luft
wenn das frühlicht
die wasserspiegel der erinnerung sprengt –
in den überlagerungen: runenpfähle. phallische gerüche.
am zweiten tag schon
der geburt warst du fort warst verschollen
klang aus dem vatersnamen anderer buchstab
gnädiges anwesen: unwesenheit.

schwarzäther blutäther
überspannt diesen härtestgeballten rest der erde
aus allen winden der rauch des aufruhrs der lärm
der einstürzt an den grenzen der stille.
dachau
hinter der gedankenplüschmauer
entläßt den tod aus der umerziehung
                                        funktions
tüchtig schließt er seinen bogen
in der geliberten luft meines gespaltenen schädels

feuerverwobenes blutgemisch in höhe des gehörs
in grüngetrübter augenhöhe
                              ein schnitt
gehißt am hirngehalt: der über kopf gerissne flügel
zerbrochen –
                    flatternd in seiner ideologischen takelage
wie das schnapsbanner meines mörders
den ich lautlos grüßte: gleicher unter gleichen.
und totenstarre die im mund beginnt
und kleine münzen die von tellern in aborten blinzeln.
der engel aus asphalt
der dir entgegenfliegt wenn du nicht zu ihm kommst:
die klinge weht in seiner faust
                              nur eines schritts
bedarf es auf den blanken horizont. es heißt geworfen
wird der erste für den ersten stein.

erinnerung. chemie. ein eingeweide
verschmolzener erinnerungen
                                    traumgemisch von schatten.
ich schied sie wieder ab die dunkle seite
das ego neben mir das schwitzte rauchte
das mich verwies in die ererbten konsistenzen
seiner flüchtig eingeschlafnen grenzen.
ein zweites bild das in der sonne untertauchte
ein wurf aus mir der atem auf dem matten
spiegel –
            gottes chemie
die ich im schmelzfluß meiner rasse suchte
(die ihre ketten nie
                            wie ihre eigne brut verfluchte
dulos hieß die ungestalt
die vor mir land gewann
doch niemals ihrer finsternis entrann.
in ihr ist eines das mich nicht begreift
dennoch aus meiner völkerschaften untergrund geballt:
ein memorial von ich-gerüchen aus dem feuerfesten tiegel
das meinem umriß gleicht der über mauern schweift.

die stimme eines wesens rief mich aus dem erz
vor orten ungesondert weder fest noch abgefallen
versiegt im wasser das zu scheiden ich geschickt
aus dem chaos aus dem tauben erz . . .
aus dem ich rief zu einem wesen über mir . . .
und glänzend stieg aus dämmermooren eine fliegenbrut
moskitos motten zur gestalt des unsichtbaren
heulend emporgewölkt aus gifterfüllten höllenküchen . . .
dem schöpfer der materie einem leichnam in der sonne
ausgerissen: so liegt mir vor dem weg das leben
so hoffe ich auf gnade übersteige
am abendausgang immer was mich rief den langen schatten
der wolke der ich glich bevor das erzne licht
am wesenlosen ort versiegte.

das glück zahlt summen für hohngelächter
seiner spitzel einzige pflicht ist es zu lachen
wenn der empörte daumen der verächter
von oben befehl gibt schluß zu machen

dann senkt der ritter auf dem stein am strand
das gesicht in die hände: er scheint durchschaut
bis auf den schatten der den stein umkreist
der sonne hingeneigt doch ihrem strahlen abgewandt

(als zöge licht nicht auch die schattenhaut
ab von der niedertracht die sich als glück verheißt)

in eile ist das glück es scheint die zeit
ihm jederzeit zu winken: bist du dabei so eile mit
und sei bereit
             man wird dich schminken
wenn dir das joch aus den wangen tritt.

ich wollte mein brandmal waschen.
und suchte spiegel um mich selbst zu zeugen
schulterte ab die schaufel meiner sklavenbürde
füllte den kopf mir mit traktaten über menschenwürde
doch blieb mein auge unstet und getrübt –
ein dürsten blieb das ahnenreihen vor mir eingeübt.
im spiegel sah ich mich ins abgestandne beugen
aura der erbschaft: über batterien geleerter flaschen.

SO nichtsbeladen daß mein schweigen zweifelt ob es schwieg
oder noch schrieb: ein dunkel das ein glühen kreuzte
licht im geleise überschnitt sich sprang
unter die brücken über der unteren stufe der stadt
flammen elektrisch und dünung der luft
schnellzüge die sich in die weichen schwingen –
und ob ich selbst in einem dieser züge
das ziel verlor: nicht ich der schrieb der ausgeraufte
der hirnverbrannten wüste in der schwarzen scheibe gleich
gesicht und schweigen feuerschweifdurchschnitten
diktierten mir was ich an zweifeln aufgereiht.

sprachgeflacker

in den schläfen der selbstsucht. die wagenreihe
im dunkel auf dem gleis verschweißt . . . plötzlich im
blutlicht
eines waggons der vorbeifährt
der vergessene schreck aus der anderen stadt. fratze
inwendig (wenn das erwachen zum körper wird –
bricht dieses hektische reden entzwei: rhythmus
sich nähernder schienenschläge panik bis zum aufschrei und
mühelos das umsteigen des gesamten
vergangenen lebens in den schnellzug der langsam
davonrollt. leiseres schlagen . . . leiser
das ticken bis die uhr der nacht
steht.

traumverdunsten
des glücklichen gegenspielers unter dem schimmer
der echosphären von sandgesängen
und seegeschichten kehlig
                    perdus, sans mâts, sans mâts
verlorn
                 schwarzer schlamm
voller morgenrot hinter fensterkreuz
und simslinie –
feuchte in kragen und knopfloch; kopflos und
                    schweißfahnenfett
der leeren hemden erschöpfung
                    und rückerschaffen
der gang zum wasserklosett
abgeabert
brüllendes gähnen (duplizität ermüdet

bekränzt uns. kalte gräber sind wir heute schon.
doch morgen werden wir die straßen säumen
und dem vorbeimarsch zuschaun: eurer prozession
werden erwacht sein und nicht wissen was wir waren.
nicht wir die alten morgenröten werden rot
und sterbend in den heldenfriedhof sinken
wir nicht: die gleich- und fortgeschrittnen werden träumen –
wir werden sie zurückverfolgen diese fahrt von jahren.
bekränzt uns heute. heute sind wir tot –
bald werden wir den abgesängen eurer klageweiber winken.

absenzen. aprilmeere grünverschneit
fluchtwogen unverhoffter horizonte . . . nur küstentraum
und schleierkraut
                              erfände ich mich selbst
blieb von der flutgezeit
ohne dein leuchten nichts an meiner kalten haut
die tod umkreist: ein serum nur
ein naß ins lampenlicht geworfner geist
und ohne den geruch von uferschaum.

mich kettet grenzenloses in das haus
in meinem qualm erstickt die freiheit die ihr meint
entscheidet gegen mich ich sammle pest in meinen kleidern
ihr wollt liköre ich den großen rausch
alles wechseln will ich
                          ihr eurer hundemarken tausch
ihr wollt die rente ich den klang der seele:
reifsilber das in wäldern hinter thule weint –
an eurem herzensfrieden mußt ich scheitern
euch fesselt glück ins haus . . .
ich wollt auroren an die kehle.

war das gedicht der rabe von e. a. poe not
wendig schon über ein jahrhundert auf der pallasbüste
uns vor der stirn das krächzen
dies ekle

      ever

          nevermore
warn all diese räder ketten transmissionen
trans

      subskriptionen notwendig – und alle schande
die den zenit unterbaut tunnel schluchten röhrensysteme
müde zuend gemauert bröckelnd ohne wetter ohne
läden schlagend die fenster im sturm ohne gehör
ohne violettbekrönte alp eben deshalb
eben deshalb zu kreuchen erniedrigt durch diese schächte
ohne licht bis die see des fleischs uns fortreißt
bis wir endlich frei in den nassen himmel der würmer
alle geduld nur um die alte dunkle luft
gedacht zu haben

          war es notwendig
den stöhnenden herzapparat in die marionette zu pflanzen –
war die erfindung des wagenrads der anblick
unserer stärke notwendig war der käfig der unsterblichkeit
an dem dies röcheln sich wetzt war
dieser schmutzige gesträubte rabe notwendig.

II

verse um an frühere zu erinnern

so lang schon unerforscht der kühle feuchte
herbst der eindrang ins reale haus woher
in meiner sprache sprech ich immer
mit einem der ich heißt
                  ich weiß
welcher trost ihm einfache lügen sind
er schlägt nicht zurück wenn ich sage du
mußt sterben daß ich leben kann

ich habe dich so ganz entblößt
dich narren harlekin der fremden bunten lumpen
mir folgst du nicht mein weites steigen
frommt mir
                dir nicht
das haus ist schwer
vom herbst der erde verhangen und brüchig
vom lärm deiner feuchten seufzer
wo bist du denn ich habe dich noch nicht erblickt –
mit bösem lachen
sage ich wisse ein jahr ist nichts –
doch ich weiß der tod erst gibt mir recht

ihm nicht ihm gehe ich nicht auf den leim –
woher nur weiß ich wie im keller
ein schwarzes wasser wartet
in kühler ruh die allem seinen glanz nimmt –
und zögernd seit langem
steigt er über viele stufen
hinab
        vorsichtig langsam
um nicht zu stürzen steigt er
seit jahren die grünen stufen hinab.

passere

drei trolle trieben einen schwarzen nachen
über schwarzen graslands flutversunkne flur

ich sah sie noch und doch schlug schon die uhr
aus schwarzem wasser wuchsen tote baumskelette

sie flohn aus meinem traum da dumpf die kette
ins wasser schlug und spritzer hingen lange in der luft

sie drohn mir noch ich höre noch ihr grelles lachen
und bin doch längst erwacht aus schlaf und totem duft

advent in den kneipen

nicht an allen theken und tischen
kann man sich heimisch fühlen oft
von den straßen fallen die drei fremden ein
prächtig und grüßen feierlich mit zeigefingern
und bleichen zähnen – –

dah! . . . ich verlasse euch
und die hellen himmel der kneipen den schein
das heilige geheul des dezembers entspricht euch
ich aber trage die fußspur
eines heidnischen zigeuners im mund

das stille holz der stühle stieß mir ins gebein
ich ging davon in der neige dieses nachmittags
im verfallenden jahr gegen den fluß wo jenseits
der weiden ein kampf
umbrischer schatten den hängenden himmel bräunte

vergessen sind die hundeaugen der erwartung
die ich mit fäusten schlug bevor sie mich verließen
ich floh die fremden kehlen voller pracht und asche
und falschem leid an mich gelehnt
höhnte ich kalt . . . es wird keine ankunft geben

ach! . . . ich ging aus betrunken und glücklich
ich trat ein in die große boheme der schatten
göttlicher schmerz in immer schnelleren wehen
krümmte die weiche erde
und sturm auf dem fluß und hügel stießen den himmel

der endlich niederfiel auf ebenen und wasser
der niederfiel auf jesreel –

die namen

1

schreiben bei gewitterlicht
und traum
       im halbdunkel die
schlecht erkannten wörter entfesseln sich
wollen hinaus in die nässe wie
regen die erde verändern

ich rede von einer großen ruhe: draußen
ist es kalt wüst leer draußen
ist aufruhr
       doch die wörter wollen ihre namen:
die ländereien auf dem gemäuer werden verrückt
die meere mißachten die vorsehung stürmen
die ufer

die namen nehmen gestalt an schreckliche
bärtige götter sie heulen nach feuer
und schwert sie werfen mich aufs bett
und öffnen mir die schenkel

2
regenzersägtes licht
rosa neon befällt gestreift die straße
die grenzen des landes meiner generation
sind fließend
              gezeichnet von blut
und kastrationsurin ach aufgegeben
trage ich namen ein in die verwaschenen
lücken der schrift

liebe glück verwirrung: hieß der sand
gespült von den leibern der pflastersteine
panik aufruhr: die topfpflanzen im zorn
schlagen ihre strünke ans fensterglas

und ich kann reden
kann reden bis ich naß werde
                        vergeblich schwören:
meine wörter müssen hierbleiben . . .
ich sehe den regen endlich scheitern
draußen an deiner verrotteten
mauer leonardo

déjà vu

ich schlief nicht ich irrte im vorhof . . .

g. a. bécquer

der nicht mehr relative raum des todes
hoch über dem strahlengetürme der sterne
war plötzlich nah – oder falsch
verfahrenes gedankendunkel wolkenjagen daß ich
nicht weit sah – nicht diese falsche unendlichkeit

nicht diese galaxien beinfarbener talglichter
gewachsen aus großen traditionen von tod
und in unkenntliche zukünfte fort
brennend an der denkbaren räume rand . . .

denn ich sah auf den tod wie auf einen kalten hof
einen werkhof wo grobe maschinen verfallen
belebt von einem nachtwind aus nassem papier
und fast durchschritt ich den dunklen torweg
den ein vom leben entlasteter alter arbeiter
durchmaß sein schnell vergeßnes sterben erfüllend
und dem meine irre stimme endlos nachruft

o abgeschieden
abgeschieden in ein großes graues kirchenschiff
das die schwarzen prozessionen schaurig durchheulen . . .

o abgeschieden von energie und brot o abgeschieden
vorm tor in das traurige werk des wesens . . . endlos
welcher weg der starrt von blaugeschmiedetem gras
welcher endlose weg von kerzensternen kalt gewiesen.

fermes

allein im park um einen toten zu finden –
allein auf dem parnaß mit einer tasse voll gift in der faust:
romantischer versucher unrealer wirklichkeiten
immer verfüglich aber unsichtbar aus artigkeit
vor der orangerie von m. am ende dieses langen
kampfs der kunst
                           zum zweiten mal geboren zu werden
oder den park noch einmal zu verlassen.

meine ironische vergangenheit
aufs haar mein ebenbild in der musik
war mir begegnet:
                           schnallenschuh
gezierter fuß im menuett das storchenknie
in einer malerei mit mandoline –
er hat mich gut gekannt der namenlose epigone
wie gut vermied er grobheit durch verschwimmen
dezente wendung lenkt die züge vom betrachter ab
und fängt sie wieder ein in feinem halbprofil
im hintergrund
                           im fensterglas das teils noch blendet
teils schon von schatten aufgesogen finsternis
auf eiskristalle und das lachen großer zähne deckt –
nun ist das licht
im bildersaal erloschen hohe fenster funkeln schwarz
so funkelt leises saitenspiel im dunkel
ich ahne den gemessnen tanz zum klirren kleiner melodie
kaum hörbar knirscht gebein im rascheln alter seide
ein weißer finger mürbe der die laute zupft
der gleiche finger der dem lachen in der scheibe winkte.

wie lang ist der verblichen dem es galt
dies selbstporträt halb abgewandt halb wiederholt
im glas der fenster die so starren winken
mit einem knöchel der sich krumm ins hirn mir hakte:
entstieg er seiner gruft
                          der tiefsten unter dem parnaß
fand mich im nachtfrost seines spätbarocken ruhms –
allein im park um einen toten zu finden.

nature morte

ausgesöhnt mit licht und schatten: blütenscherben
in den falten des verrafften tischtuchs – wessen
hirn hat sie erdacht und sorgsam hingesät um einen
totenkopf
auf seinem platz im widerscheinen einer langen flasche
dehnt er sein braun durchtrenntes grinsen aus: und wer
hat das zerschlagne glas hinzugeordnet wer
bemaß so gut die kognakmenge
die zu vergießen war daß süßer duft im dünnen
arom der welken weißen rosen satt werde
und der raum sich berauscht.
flüchtige verantwortung des fensters
im hintergrund vor der wüste der nacht
thebanisches blau von den ufern der zukunft –
nur schatten bluten so im ausgelöschten auge der geschichte.
und zwischen allem hier und beschenkt mit noch mehr
vertrocknet die leichte die lasziv geöffnete
o welcher fülle gewohnte hand dessen
der vielleicht schon im bild ist.

die sommersee

bei mildem wind
flammt schöner die see im mittagslicht –

denn es ist des lichtes sinn die worte
zum singen zu bringen innerhalb
bedeutungsschwerer legenden im stein
es ist nicht wahrheit zu scheiden
aus den rätseln es fängt aber
das rätsel selber zu singen an
wenn mittag die küste überstrahlt
und die steine schwämmen wie kork herauf
wenn der versunknen städte stiller könig
die kunde verbreiten ließe vom mittag
über den meeren – ach vineta
dir flockt das grün vom schutt deiner tore
wann gelingt uns jenes lied vom licht
das dich weckt aus dem einverständnis deiner tiefe

bei stillem wind
glitzert die see und singt
mit dem glas ertrunkener spiegel –

monolog vier

ich las gedichte schweißbedeckt (am tisch ich saß
in meiner haut sank in den schlaf ich suchte
in den büchern die poesien des jahres achtundachtzig
die es nicht gab
                ein zahlenpaar das umgekehrt
werden mußte: hastiges wählen
langer telefonnummern
                        verwechseln der letzten zwei ziffern
immer wieder: wählen und wählen im traum
die scheibe läuft schnell zurück das nichts
zirpt aus dem hörer
                ein raunen ferner ufer ein rasches
jahr zuvor vielleicht das flüchtige glück von siebenundachtzig.
schüsse in einem anderen land. sonne am anderen abend.
treibholz das ablegte und im funkeln auf dem strom
verschwand vielleicht aus dem blendwerk eines siebten
jahrzehnts fortschwamm
                        (zufallszeilen auf der drift
in richtung schweigen.
wählen wählen. seite um seite. falsch . . . falsch)
und das letzte wahrscheinliche licht
auf dem rückweg zu uns
demnach aus dem sommer achtundsechzig . . .

vor zwei jahren also
wären wir zu retten gewesen. zwei zahlen . . .
und schon zu spät den dunklen fluß zu fühlen
lautlos unter gedichten und stühlen.
unter stiller haut
irres reimen verwirrte zikaden. weltlicht
an der fehlergrenze traumwandlerischer mathematik:
feuer! . . . während nacht und wasser näherkommen.

die demarkationslinie

schon aus dem jenseits
das atemlose gespenst der symmetrie blickt zurück
auf sein hirn das die frostgrauen glieder bewegt
auf das kühlhausmauve der lippen ins schwarze
herz glücklich abgestorben an der quelle der beleidigungen

o eine andere nacht hinter den zähnen
während in der küche
                        in der zugluft nebenan die frauen
denen er liebe nicht beweisen konnte umherirren
als stiegen sie durch labyrinthe gewölbe entlegene böden
als fehle ihnen plötzlich niemand verbrennen sie
die speisen erkalten ihnen die stärksten herde
es fehlt ihnen plötzlich der seltene mäkelnde gast

denn nichts als sprache konnte ihn retten
dem namen grenzsymbole waren für vergehen
gestern noch zu sühnen heute
                        nicht zu erklären
noch zu verzeihn das haus ist längst verlassen über
alle marken des erlaubten weit hinaus und früh
die höfe leer unterm grünen himmel der selbstverhütung

o eine andere nacht hinter den zähnen
am morgen
            den ein horizont von ruinenpyrenäen
abtrennt ist er ein ast ganz entrindet im magnetischen
wind und durch alle wolken gewachsen
er der sich nicht mehr erkennt
an der lage seines schattens.

inkubus

wörter. hinter dem wundrand eines fensters
geist. im innern eines körpers –
urin geronnen in der sonne.

es ist eine kirche und wir
sind lebender geist im körper dieser kirche
die uns nährt vom tauben fleisch der fasten
und durch die kanäle der toiletten flutet
unser schlechtes blut unser kalter schweiß.
wörter sind es zu denen wir schreien
im steinharten brot o geborsten
wörter die wir angewidert beten o gebrochen
mit der salzigen seele in der durstigen schmelzglut –
die feuchten fahnen hält prometheus in die sonne.

o fäulnissuppen gerührt durch den ausguß
gebete eingekocht und fettgeworden in der kirche
rezepte aus wörtern die wir rauchend verschwenden
verschwenden unser altes elend horn und wucher der materie –
so husten wir die wörter trocknen unsre seelen.
urin von gestern bis ans herz
sind wir verworfner geist im körper
einer kirche die gedeiht in der sonne.

und wir pressen die wörter wir kreißen vor gittern
wir verbrennen die wörter wie gespaltene zündhölzer.
wir werden uns in talg verwandeln
man wird uns angezündet auf die plätze stellen
in den eingenäßten städten die in der sonne schaudern.

tedeum

und ich habe vor mir abend und morgen
mein war das reich ich habe ausgetrunken –
ja ich bin unendlich berauscht an einer langen nacht
ich habe dir gesandt eine schwarze libelle eine botin
fühle dich nicht entsetzt von meiner seite bleibe mein
schatten während ich mähe
lichtsichel und nachthaken in der faust
zu bündeln ein reisig von blitzen in blauem donner
dunkelschilf vor scherben die dir leuchten werden
deine zertrümmerten fenster ich habe sie zerstört
deinen hausrat zerschlagen deine betten geschlitzt
deinen schlüssel zerbrochen die schwelle beschmutzt: ich
doch siehe ein geschlossenes tor es ist das meine
und siehe den salamander er ist der meine –
sieh das getigerte feuer auf den hügeln
scheut sich die schwarze libelle so geh nicht hindurch
verbrennt sie sich aber so quere auch du
die hölle ufer auf ufer und küsten von gift
und blut und totes moor dann aschemeere und ein sturm
von aufgestauten flammenwirbeln unter einer himmelsmauer
eine betonierte nacht durchdringe sie mit deinem leib
dann bist du drüben dann tritt in dein grab
grenzen die du vergaßest sie eilen dir nach –
nun hast du mir genug gegeben wurzel und kraft
bezahlt für das licht deiner augen nun gib es zurück
daß ich dir formen kann den kreis darin zu dürsten
nach einer gestalt und sei es nach der einer ratte
die pfeifend den tod lobt. kyrie: söhne
dich wieder aus mit mir empfange
meine gnaden.

notwendiger ort

berlin friedrichstraße: ein abort für wechsler
kleinerer beträge.
wo mille oder eier sanft und hart den spalt
der phantasie zu öffnen wissen zwischen pissoir und
intershop
sind wir geheimes kapital der stadt:
HERREN – in erloschnen leuchtstofflettern
ruft achtzehn stufen höher uns die mauerfront.
nach unten gehn heißt oben bleiben.
so meint die sprache dieser wirklichkeit den text
der ihr verdienst ist stets von hinten.
die hände an der hosennaht
des vordermanns vergessen wir die armut.
koexistenz versilbert sich im kleinen grenzverkehr.
danach streicht uns der starke vater wieder ein
er reißt uns mit dem arm aus stein an seine brust
und schüttelt uns die säcke in den hosen aus.

die versprengung

die großen feuer sind zu tode gereift
wenn kein lächeln eintrifft aus der höhe
wenn in die niederungen der nebel dringt
das weiße verbluten des herbstes über den lagern –
oh wir hatten steine um unser ende gehäuft
und die idee der zugbrücken
nach dem letzten der siege in schnaps ersäuft.

die großen wälle sind zugrund gewachsen
kalt im vergehen steht mein letztes grabenjahr
geheul der wachen schäumend gab es mich verloren
in bildern verborgen fiel ich immer hinter mich
als hartes schweigen feindlicher fackeln starrte
aus der zeit die vorn lag
da löschte auch ich die glut die sie narrte.

das letzte schlachtfest war noch im gedächtnis
die letzte furt noch nicht vom letzten troß
in lärm und schlamm der wilden jagd durchfahren
da war ich schon vergessen und von chaos überspült
war schon allein und endlich elend wie ich wollte
und fort war die heroensonne
die ganz in eisen durch den blutdunst rollte.

. . .

das schwarze fleisch schied meinen müden schatten
aus und vergaß die musik der munteren ketten
die hohlform der helle die mir tod im kopf ersann
bot meinem geist nun kaum noch widerstand –
und alle fronten überließen
mich ihren gegnern unerkannt.

der poet und die wüste

das wort lyrik
das so lauwarm lullt sekundärpoesie
ach eine ganze welle ausgeleierter wendungen
dritte griechisch faule metren hektikdithyramben
überspülen mich unter trüber lampe trübem schädel
singsang der sich für still erklärt die weisheit des gargekochten
kommt in meinen applaudierenden schlagadern zur ruhe
und kaum noch raum für die flasche auf dem schreibtisch
nicht raum in der lunge für die insekten des dunkels
die koffer sind wieder ausgepackt die boshaften
socken gewaschen

um fünf uhr dreißig weicht der mond dem morgen
das ungesuchte nur ist was ich fortan wäge
des suchens müde hob ich unbedachtes aus
traditionen von nächten verlassen mich träge
nuancen von nächten an ihrer grenze löschen aus

und endlich nichts und endlich leere
zu füllen endlich die ellenbogen die fäuste
sind mir lange wie toll über den leeren schreibtisch gefahren
sie haben die wände verschoben endlich ist kälte
ist hitze ist licht kein einziges wort habe ich erfunden
die amorphen wunder der wüste färben das fenster
die augen der mund ins feuer gebettet ins sandfeuer
das fällt in den lüften vom gipfel zum grund und zurück
vereint die dünen die ruinen mit der geburtsstatt des
    menschen
mit seiner wassernen geschichte seinem ungehorsam seiner
    wirklich
endlosen fußspur die sein geist noch hinter dem horizont

forttreibt die erde stigmatisiert mit der geraubten flamme
um sie weiter zu tragen vom gipfel zum grund und zurück –
und auch das wort tod ist nur noch ein dummer reim
der auf verrückten sirenen reitet

um fünf uhr dreißig weicht der mond dem morgen
das ungesuchte nur ist was ich fortan nenne
des suchens müde hob ich unbedachtes aus
die sieben offnen gräber die ich kenne
heulen nicht mehr die lampe lischt aus

ambosse an den füßen sank
das betagte licht die schöne abgelehnte gestalt ihr
hing ich an vergebens aber nun erscheint es wieder
kehrt es zurück ganz licht allein und ganz entleibt
ich erkenne es über der stadt über dem lärmenden glanz
der eisenbahnkreuze über den brücken straßen den
    straßenkreuzen
gewebt von der sprache und ich sehe die stadt ist die wüste
deshalb kehrt es zurück das entleibte licht die seele der wüste
körperlos dauerhaft die wüstenseele in der wandelbaren
    materie
und der himmel darüber ist hilfe die flut die sich glättet
verdoppelt ihre ufer.

die situation

ich kann so viele dinge nicht mehr deuten –
diese berührungen diese nahen lippen und wangen
dies huschen von händen über schultern und schenkel
nichts das liegenbleibt an seinem ort kaum daß die luft
zwischen hand und haut sich erwärmt –

                                      o schattenphrasen –
synthetische tunnel wir durchschreiten sie gestreift
leuchtgasgefärbt von welcher musik aus nebenräumen
und leib an leib doch dunkel getrennt
zerstört an seele und substanz und nur materie –
sind wir katakombenschnee gefallen
naß durch ferne gitter

entzündet von aufgerissenen städten –
blendende partikel – wir und die profane tat in amour –
plötzlich versenkt in des geistes labilste stollen ins
schattenreich um schwarz zu sein und sichtbar –
gesetzlose endlich.

                       es ist verschwunden was ich sagte
in der liebe der sünde eines alten friedens
war mein mund ein grab aus den kriegen

um nicht im weißen himmel schnee
zu bleiben folgte ich dem grinsenden salpeter –
tock tick . . . tock tick – die tropfen ihr flüchtiger widerhall
allein in der nacht des schlamms unter lodernden pforten
geräumiges läuten allein in der nacht der gebeine –
langsames schmelzen war das beste was wir dachten
unter der last der menschenwelten über uns
wir wollten uns in mehr verwandeln als in einen
nebenraum voller kindischer küsse ach echo

um nicht länger das weiß der bücher zu bleiben
um nicht länger das weiß deiner seele zu sein
mußten wir abwerfen die waffen der geschlechter
in den wüsten der gerechtigkeit die sonne aus nichts
als gleißenden mauern schlug sie zurück
rein durch nieerleiden verbarg sie uns ganz
in schweigendes glas das turmhoch gewachsen
in stillem ascheschnein von horizonten zwischen uns.

sag ist was du vergessen echo an gestalt
und alles was ich sagte
                              selber labyrinth und irrung –
weib aus schnee noch beschrieben von schatten
sei selber der ort das verhalten der höhle
sei selber die schöpfung und selber ihr zeugnis
o echo an deiner südlichen öffnung
endlich wehrlos schau dich nicht nach hilfe um.
denn alle haben vergessen was ich sagte.

die spaltung

die küchen der erde sind kalt
im gruftgeruch – vom tod getrennt durch dünne türen
mein gefrorenes fett meine lila kartoffeln
stecken in vaters gebiß
                              geboren auf dem dunklen fluß
der manchmal bis zur schwelle steigt den schaum der
                              schöpfung
ans fenster wirft
                    gewachsen ungezogen vor dem glanz der
                              nacht
und glatt geschliffen von geduld und dummheit
will öfters ich die mitte nicht verlassen
und kehre mich zurück und seh am heck die lichter stechen
sehe mich winken seh die fackeln qualmen:
vater nimm mich nicht fort . . .

o mutter halt mich nicht fest
laß mich nicht länger auf dem strand verdorrter tage knien
zerfressnes grinsen nackt verlogener parolen
überwinterte im tod
                    um nicht am nachmittag vor der geburt zu
                              enden
verschwand ich durch die tür durch höfe dunkler als
                    ihr hoher himmel . . .
flußabwärts durch den schlaf
                              gekentert durch der dünung
                    ewigkeiten
die sterne wälzten vor der weiten mündung die ein abgrund
war in dem das ende und der anfang ineinandertraten

doch ich entkam nicht . . .
und masse war ich wieder – kalt vor kalten feuertüren
verteilt wie vieh . . . in mann und weib getrennt . . . die mitte
die unser aller vor mir teilten
und nie hob ich das haupt
                              blind für die flammenscheite
wüst geschwenkt auf beiden ufern für den ruf des lebens taub –
nur einmal winkt ich einem windzerrissnen licht
das eine hand mir in ein fenster stellte.

merigarto

azur genug den erdkreis zu umgürten
bleibt aus der einsicht vorm auge der einfalt.
o blau aus der vergossnen nacht des kapitäns
des tage alten segeln gleich zersprengt
fegten über einen kieloben treibenden kontinent
voller falscher lehren verratener seufzer –
als er der garngebirge seiner länder müd
sich endlich zu blenden entschloß –
azur genug am dunkelgrund des schweigens
der gedanken leicht um zwiefalt rundet
und die sonne des scheiterns emportauchen läßt.

fragwürdige rückkehr (altes kesselhaus)

als wär seither noch keine zeit vergangen
faulen im salpeterweiß die selben wände
und in den winkeln wie seit ewigkeiten hangen
die vagen spinnen noch an ihrer fäden ende

die stühle sind mit staub bedeckt und zeigen
wie nah sie dem zerbrechen sind im golde
der sonnenflecken die durch blind zersprungne scheiben
hereingefallen sind im roten abendneigen

es ist als ob ich wiederkommen sollte
und etwas auch als wollt es mich vertreiben
es ist als ob noch keine zeit vergangen wäre

säumnis –
        als zögerte noch immer in den wänden
weil ich nicht wegbleib und nicht wiederkehre
ein feuriger wink von geisterhaften händen.

absence de l'amertume

die kehle die sich mit der trüben flut vertrug
schmeckte nicht länger rauch: himmel von eisenguß
vergaß mich überstürzt in taktischen figuren
der sprachen eines baal
                    ich gab mich hin am fuß

erloschner nacht: der wirklichkeiten die mir rache schwuren –
bevor sie faulten und im trügerischen sumpf verschwanden
und meine ebenbilder die im schwarzen wasser standen
versiegten feige als mir schmähung auf die lippen schlug.

im überdruß uns auszumerzen
                    es ist uns untersagt . . .
es bleibt dem ganzen vorbehalten samt dem wüsten grund
dem moloch der den theseus lenkte und den drachen.

ein abgetriebner strand aus dem ein auge ragt
diese visage in der spiegelscherbe: morgenrot und wund . . .
bis sie den riß im kopf erkennt . . . das eisen . . . und ihr lachen.

sonett

verdaut ist mein kupferoxyd
verdaut mein teil des grünen abwaschs schwarzgespülter
   wände
die grauen bäume standen träufend über mir
und tote äcker kochten schwefelkohle mir zu füßen
mein kaum versehrter leib hat mich erlebt
und mit mir das vergehen schlecht erkannter gegenstände
verschlungnes gift das meinen regenkühlen geist getrübt
in bosheit hat es meinen leib geübt –
                        daß ihr mir vergebt!
– laßt meinen leib vergehen fressen im vergehenden gelände
er soll mich leben bis ihr seinen rest in eure kiste hebt.

zwischen den paradiesen

messerlicht mein scharfes
falsches licht in diesem noch schwarzen frühling
in dem mein kreislauf heulend anspringt

zündlicht du zeigst
dem tod meine zersprungene lippe
mein blut das schamlos aufblüht
um leerer augenhöhlen gier zu füllen

und pan der goldne hüter
des heils der horde kommt mich abzulichten kalt
in der verbeugung des fotografen vor seinem opfer

ach betrunken war ich wie alle
wochenlang ich stimmte dem handel zu
ich nahm das glas und der frühling nahm mich
auf und ich war des todes wie alle –

mit grauer faust hinaus o pan
fuhr ich die asche aller vergangenen höllen
und stürzte sie schäumend über die halden . . .

gefilmt vorm fallbeil der sonne
da frühlings grüne flaschenscherben gleißend
glühn in des letzten tagebaus sumpfiger wunde
die leuchtend den teilbaren leib mir umgibt

bin ich zum schweigen zu schwach
aber stumm und beschrieben vom ende her
von der herde verbannt doch ihr abkomme immer

und gottvaters auge mündungslicht
auch das mich anblitzt und ausflammt in gnade
aus dem glas voller kaltem glück . . . ach sie gossen
mir ein bis mir die starre lippe sprang . . .

mit schwarzer faust hinaus o pan
fuhr ich die asche aller vergangenen höllen
und stürzte sie kochend über die halden –

dodonische wälder zu erz zerknüllt
hab ich verbrannt für dies gefürchtete eden
wo gottes lange eifersucht mich lebend
begraben wird mit wüsten wurzeln

in einer sonne tot wie kohlenglut.

solo für beischläfer

abwärts. das licht versuchte sich im schatten
mein gelbes licht das rauh im nebel keuchte
der eigenliebe müd: an der fessel ihrer schlagseite
mein flüchten der flug aus dem traum

gelb. denn der tau einer frühen angst
blieb mir aus den sommern der vergangenheit
die erloschen waren in der scheide meiner stirn
meine getrennten augen feucht von sperma
überliefen mich aus dem blick unter mir und suchten
den schlaf meiner zukunft. die sommer waren härter
als ich heißer größer schneller. asche ihr ziel
durch den durst schwamm ich der panik voraus . . .
ah warum nahm ich mich nicht an der hand
zeigte mir licht und schatten
in einem langen kuß verflüssigt

schlagseite. gelber schlaf in der herbstasche. abwärts.
träume zu nachtwachen verhext. durstgefesselt.
trocken und leer. und unter mir die blöße meiner räusche . . .
durst als die letzte verlockung. durst
als blinder blick im spiegel unsrer bäuche

zeugung

ich hielt mich wach bis der regen begann
wenn du jetzt an mein fenster kommst werde ich dein pochen
nicht hören. welch dichte grasgebüsche sind mir aus den
augen gewachsen all meine aufmerksamkeit gilt dem licht
dieser ströme die beinah ungehemmt durch birkenkronen
fließen dort drüben in einem vergangenen wald. ja die leisen
geräusche die schwachen farben haben gewalt über die
stärksten signale: so weit zurückgekehrt sind meine begierden
–

bevor ich einschlief fing der regen an
und um mein lager stehen die wände eines grünen glases das
langsam sich füllt. wie deutlich daß mich eine so ferne
vergangenheit ausgesondert hat: blaßgrüne länder ganz voller
farn. oder ich bin der schon verschlungene bissen eines
neuen vegetativen olymp. der aufstieg im zauber des zur
macht erwachten mondes. im somnambulen april – nein ich
kann dir nicht antworten – oder ich war seelenloses
flechtwerk das aus urzeitlicher erde sich grub – ach ich habe
das wort geträumt doch ich hab es vergessen –

und als ich schlief der lange regen rann
grüner aprilener mondregen und mein leben vergessen
zurückgelassen ganz in diesem aquaralen keller und mein
schlaf so verwandelt in den langen den schluchzenden
niederschlag meine liebe gestillt. oder irrend. oder
versunken. dort drüben im schimmernden brachfeld. meine
rede besänftigt meine wasserne rede ganz einverleibt den
wurzeln dem laub: und du die vergeblich mich ruft –

evokation

manchmal erwacht ich: musik meiner zähne
im eintönig sterbenden schwarzblauen laub –
und rauchendes mondlicht verwehte im zimmer
aus einem echo traumentwöhnter straßenzeilen
trogen mich schritte flüchtiges geflüster.

schöne schattin der ich folgte –
die mir entschwand nach einem halben blick im finstren saum
gähnender gärten die den widerschein der stadt verschlangen:
war ich nicht selber illusion
                                        unfähig diese straße zu erwecken
verfehlte ich nicht selbst das tor
                                        verfing mich im gloriosen
                                                        spuk
der wildnisse auf meinem unbehausten grab –

eiskalte wimpern die ein lorbeer niederhielt
verhallter schlaf als vor mir laub und luft zerstoben –
ich selbst geformt aus der gestalt die lachend mir entkam
doch immer auch gefangen in der kammer meiner zukunft:
der ahnung die ich nie betrat

so schlüpft ich in die schönheit einer göttin
                                        oder tönte
erinnerung auch ohne mich zur leeren nacht:
licht ließ das leuchten ihrer zähne blitzen –

berlin. flaneur de la nuit

o wüstengelbes wasser
des flusses in des sommers schneefall
ein entferntes flammengewölk unter arktur
färbt götterfarben den trauernden
nur die nacht noch ist widerspruchswarm

die nähergetürmten küsten mystischer wetter
verbergen das licht aller übrigen
geschlossenen grenzen
                          dieses parks einer sprache
der das handwerk gelegt ist

man weiß nicht wird abend wird morgen
für eintagsschwärmer lebenskrank die flatternd
die somnambule elektrizität verfinstern
menschliches aber ist zu gehirnen erlöste architektur
deren erleuchtung der fluß wiederholt wie
dinge die flüchtigen spiegel der namen sind

o asche rann vom gemäuer o stahlglas stieg
aus babylon und keiner verstand
des anderen schweigen
                          in stiller hölle vergebens
der tote vater harrt des toten sohns

o aschefall o leise
von ufer zu ufer langsam wandelt
der schwarze nachen der verbrannten wolke
in des verstummten kehle löscht arktur sein licht

die ruhe auf der flucht

warten –
            oh noch einmal einen abend ausruhn
vor der unendlichkeit der nacht
die uns mit allem vieh zu paaren treibt
und sich schon sammelt vor den abgestreiften schuhn . . .

reglos
        im angesicht der flut die bald erwacht
noch eine stunde sitzen auf dem mauerrand
stille im schädel und den fuß im sand
dem atem nachsehn der uns aus den lungen schwindet
dem zorn
                dem gold das in den augen sichtbar bleibt
wenn die erschöpfung uns in dem entschluß verbindet
noch eine stunde vor dem dunklen ufer auszuruhn –

und dieses tags zu denken der zuletzt uns wärmte
des großen abends der uns unerschrocken sonnte
indes fernher ein kupferrotes lohen lärmte
und schon erlosch im riesengong der horizonte.

eine art abschied

wo ist der kohlendreck alkalihauch der asche
und proust dazwischen auf dem klapptisch mit den kalten
   beinen
combray und balbec schmeckten gut
im kellerloch in dem der dampf gefror

ist das nun freiheit: diese zugeschraubte flasche
wer springt noch auf fliegt fort wenn wir zu stürzen meinen
wir unterstreichen toter bücher tote zeilen
fern unserm thema das uns längst verlor

wir haben uns auch ohne zukunft zu beeilen
weit sprachgewandter kommt die neue wirklichkeit des wegs:
noch ein bonbon mein freund laß uns das angenehme teilen
noch etwas sandwich bitte . . . noch ein keks?

wie regen

wie regen der am neujahrsmorgen müllbehälter spülte
im feuer letzter leuchtraketen einen kranken zweig
mit einem faden trüben silbers zierte –
war ich erwacht zu schlaf der mich im lärm der nacht
   gemieden
zu grauem kopfweh . . . tee mit schnaps und spalttabletten
half einer prosa die im krebsgang krumm
zu einem ausweg kroch der lang vor meinem leben lag
doch mir den schluß versagte: straßenpflaster das in totes feld
und horizontlos in ein dunkel lief.

so eingenickt vorm fenster in den lauf der regentropfen
die lau und blind in meinem schädel weiterpochten
fand ich im bleichen dämmer dieser felder . . .
im fahlen frühdunst der den schritt in dieser straße dämpfte
die ihre häuser mir verbarg ihr echo stumm ertränkte
dies schlammbedeckte pflaster in die tiefe
als gings in eine tunnelhöhlung unterm schwarzen acker
und rückwärts in die nacht vor einem andern firmament
darin das läuten andrer wasser war.

in die vergangenheit vor meiner gegenwart im halbschlaf
in der ich nur das echo war von schnellen schritten über mir
oder der schatten eins zweigs der wankte
sein blinder tropfenrhythmus dem mein blut gefolgt
das unterm dach des schädels widerhallend schmerzte
und aus mir wich am ende dieser nacht.
so scholl mir nur ein lockruf alter jahre an das dach
so läuteten zu neujahr nur die pulse meiner wunden
so sang das blut zur feier meines untergangs.

welch abstieg nun . . . welch hohlweg unterm dach welch
    wüsten ackers
und welches dach – von wolken über schluchten kalten fetzen
pfeilschneller dämmerung und nebeln die gestirn
    verschlangen –
ein trug aus einem schlaf vor der geburt
in dem ich hörbar sichtbar schien wenn ich ins licht ging.
wer war ich dort an diesem fremden fenster das der regen
    streifte:
im nassen hof . . . ein baum . . . der glanz der aschetonnen
oder der held aus einem buch der jahre
in dem mein urahn zur erinnerung geblättert

bis ihm ein blinder zweig die echolose straße zeigte.

vorgegebenes lied

mir war es gegeben zu gehn aus den häusern
durch deren fenster ich rückwärts sah –
doch blieb die trübe nässe ihrer wände
mir auch im taufluß fernerer gelände
und vor den himmeln andrer städte nah.

und durft ich mich in selbstgefühlen äußern
zerbrach mir doch das glück im mund
das ich durch dunst und ahnung fortgetragen
bis vor den schlund von fahlen tagen
auf meinem rückweg in den frühern grund.

die schimmelfeuchten ungelesnen bände
weise orakel unter spinnweblagen
rieten mir umsonst die fenster aufzureißen –
in meinen häusern
              daß ich niemals wiederfände
der kindheit totes gleißen . . .
ihr geisterhaftes singen sinnlos fremder weisen.

sprache

wird es kalt.
spürst du wie kalt es wenn
es wird werden wir es werden.
werden wird wie kalt wir es spüren.

so
in der folge des flockenfalls
schneit der schaum dieses verirrten trojanischen
pegasus ins abendland o wahnsinnsweiße
beschreibung einer zu früh erlösten explosion. taumelnd
von netzhäuten verdunkelt sinken die wirren wörter zurück.
und unten warten noch immer die ungegründeten werke
unter uns die starren leben im alten frost.

zurück in die leere. tod-
scheißender wallach

revenant

I
was wenn ich wiederkomme hat mich ausgespien
nach einem jahr in einem schwall von blut
aus maßlos totem mondlicht dessen flut
aus dieser kirche brach
                          sie hat mir längst verziehn
daß ich gewürgt in ihren stühlen mein geschlecht
daß ich im herzen roter religion die schwester liebte
die mir die helle eifersucht der macht verbot –
o dies verzeihen das sich an dem strahl der sonne rächt
der mir den weg wies als sich jede richtung trübte.

o vaterland in dem der wahnsinn droht
o schwarze muttermilch o meiner schwester tod.

2

auf allerheiligen ging jene nacht
und es mischte sich abschied schon ein –
glaub nicht an ein wiedersehn
                              hatt ich leise gedacht
denn nach meiner wiederkehr muß ich ein anderer sein.

was fragst du mich an wen dabei ich dachte
wenn ich ertrank im schnaps meiner matratzengruft
nach wem die stimme schrie die gellend aus mir lachte –
ich weiß es nicht: es warn gespenster in der luft.

was alle wissen weiß ich nicht genauer –
aus der kirche die düsteren kutten wehn
im mondschein der mutter und schwester ruft –
o vaterland in deinem fuselduft:
                              es drehn
sich die brüder im tanz auf der mauer.

III

medium medea. chöre
(fragment)

geblieben ist mir ein alter ranziger mann
dem nur die nase feucht wird noch und manchmal
der blick der ihm fällt ins fleckenjackett
vorm schimmer meines schemens.
lohnt solcher anblick untat
                                   gut einstudierten handel
mit dem wahnsinn . . . denn jener weiß von nichts mehr
wankt geschlagen
                        von zeit die ich zu überrennen suchte.
o strand o rinnsal dessen leere nun enthüllt
tauwetter dessen graues seufzen
die schleime des vergessnen aus den altpapieren schlürft –
rächt sich mit solchem schaum zu füßen einer königin
ein brudermord
                        wer übersetzte meinen drachenflug zurück
in diese feige promenade ähnlich einer drift
die uns maleas sonnenuntergängen in den schatten warf
um einen abend nur in läßlicher erschöpfung
zu lagern . . . sofort versöhnt mit schmutz und schmach
gleich allem menschentreibgut
                                   lauwarmen richtern
                                   hingeopfert
die gnadenlos ersatz verordneten für jugend
und schmale renten für die blödheitsjahre nach der fron
im waschhausdampf der kleingeldehe – o welche liebe
im seifenwasser dieses grabens schwimmt sie hin
wie riecht der ganze park nach ihr nach veilchenlauge
durch den der alte treibt die gelben finger nicht vom seil der
                                   segel
sondern vom flaschenhals gekrümmt
oder von etwas onanie.

. . .

sie drängen über brücken in den hintergrund
die jugendlichen helden an den krücken
und lösen ihre pflasterstreifen ab vom mund:
und schwarzer beifall schüttelt das gedicht
der göttervater dreht am bühnenlicht.

ihr götter ob doch dieser park
kulisse ist die toten traumverlorenheit gewährt
(die toten: eins der lang schon übersetzten wörter
parzellenzäune hingetäuscht zum letzten wegsaum
diesem selbstentrückten alten
der dort in seinem dumpfen glimmen mir entschwindet
der zigarettenkippen stach
                         mich aber nicht erkannte . . .
erinnrung etwa an den goldnen tabak hinter symplegaden
erinnrung die im taschenfetzen dieser jacke fault . . .
bevor laternenschatten in die eiterwunden dieser erde stach
bevor sich straßen plötzlich öffneten der nacht
– die ein geringes zündholz auszulöschen einmal atmet
um die zerbrochene kontur des alten nochmal auszuspein –
hielt sich der tag
                   (und war das vielgepriesne frühjahr
in dem ein weißes haar den letzten blüten gleicht . . .
o welches licht . . .
                   ein abendliches fluchtlicht . . .
ein gelber harn aus scharlachkrankem himmel
– wie nasser knaster von gedächtnis im verfransten futter
karierter lumpen die kein lebender mehr trägt –
ein sonnenregen solcher farbe fiel . . .
und im friseurgeruch der kirschengärten
warn hunderte dabei sich zu umgraben
mit erde die das ende ihrer schwangerschaft
nicht litt
                und ihre frucht verkrüppelte . . .
so war ich erdengeist als ich die brüderliche zeugung schlug
und grub den schaft der macht aus mir
den werkzeugen der schande noch von hundert männern
ebenbürtig (denn was am bruder wir geliebt war böses

aus uns selbst
                    und hielt dem fluch die treue der verdoppelt
mich an diesen alten fesselt.

und fluch daß nicht vergleichlich ist was ähnlich
doch gleichzeitig zurückschmilzt . . .
erinnrung nur was schnee schien
erinnrung die nun selbst wie schnee versinkt –
ihr toten ob doch dieser park
kulisse ist die göttern traumverlorenheit gewährt . . .
in dickem blut erstickte blüten aus dem finsterstoff gegraben:
tote gedächtnisse an wirklichkeiten aus dem mondschein
in dem allmählich alles sich ins gegenteil verkehrt
und manches abgestorbene ein anderes geschick
und manches leben andern tod erfährt
und geist geht mit gedenken nicht den gleichen weg zurück.

. . .

    sie sind erwacht: geschlossen von gedanken
    bedenkenlos
                    von einem jahr zum andern stumm
    und hängen sich die abendschatten um –
    ein dunkles publikum in todesschranken.

dort auf dem strand der trottoire
erträgt man seinen schritt nur unbewußt
doch er ergeht sich ohne schmerz wenn tau zu boden
sinkt und pflasterspülicht sich verläuft
in seiner schlammspur aus dem bach im park:
er ist es . . . leichtes elend das er hinkend schleppt
– als trüge er nur einen schuh – den schlag
des morschen kiels anstelle krummen scheitels
schon auf dem tauben schädel
                              (der ihm gespalten wird
oder als höbe er den schatten einer greisin
statt meiner gnadenlosen neigung.
nein er erträgt es wenn mein auge aus der nacht
am funkeln dieser fährte die dort watet hängt
am leder das im feuer schäumt noch unversehrt . . .
o welcher schuh den ich ihm machen werde
aus meiner liebe die schon leuchtet
aus liebe noch die meinen blick im rücken dieses ungeheuers
so seltsam ruhig läßt.

(mit fürsten sich verwandt zu sehn
war sein begehr: an solcher krankheit endete die epik
an solcher krankheit starb der mythos hin
die sage platzte alle worte treten ihren sinn zu brei
die handlung führt nach hinten
und die tragödie war im vorspann schon erledigt –
so läßt ein letzter hohler zahn vom honig ab
und wehgeheul läßt süße fahren
die hölle die ihn frißt verschlingt auch mein gelüst.)

absurdes schiff
auf schultern trugen sie es durch die wüste

um dann am ufer eines tümpels auszuruhn
vergessner kolchis sonnenfarbnes schamhaar
das sie in ihrer jugend rauchten:
wie kann ichs ihnen jetzt vergiften . . .
seenähe
die mir gut war . . . sie tauschten sie
mir gegen einen zuberinhalt ein
und sie verarmten meine stimme durch den wucher.

wie übersetz ich diesem alten meinen flug zurück
mit feuer oder wasser –
mit welchem wort tränk ich die trockenheiten aller worte
wie reiße ich ihn aus dem schattenchor
wie übersetz ich liebe in ein taubes ohr
red ich ihm aus dem spiegel oder rede ich
ist diese stimme tot
                    oder dies fleisch
und transparent wie schwarzer tauwind aus dem
    schattenreich.

. . .

    geschlossener häfen bleiche maklerin
    hündin löwin . . . und der chöre führerin
    kein sterbenswörtchen übersetz ich meinem kind
    und lösche aus die rollen die ich bin
    in jener posse von korinth.

und am gestad der zäune und gemäuer
schattengedränge wo man sich verliert:
die männerbrut
                    – kentaurensprache die auch mich
bedient um der verachtung leben einzuhauchen –
verläßt den parkweg unterm staub der nacht
zunehmende verfinsterung
                              schlafloser nächte die sie suchen
aus todesangst (und dennoch schlafen sie schon lang . . .
und haben mich im schlaf verlassen –
o dunkles ruhn im uterus des schlummers –
wie laß ich sie noch ungeboren
                              in meinem leib
schon sind sie hin die vatersöhne ach die frucht
kommt gelb zum ziel und fürchtet sich und fällt
in gelben rauch *(erde die auf erden geht . . .*
kein licht hält sich an ihrer haut
und in den adern fließt verweste energie
gestürzter sonnentage die zersprangen
(erde geht auf erden blut in blut
                              o diese höhenzüge
o diese hügelflanken da mein aug in lava grinste . . .
mondgluten glänzten . . . doch ihnen längst schon winter
(so glimmt in höllen packeis das sich vor den seelen staut
wie keim sich in der frucht verliert
                              so fahlt der gelbe zahn
des monds im rachen dieser nacht geheimnislos und stumpf
über dem bach der vor dem wehr stagniert
und schäumt und dampft *(glut scheint in glut . . .*
und falsche brücken bäumen sich im widerschein –
es ist zu dunkel um hinabzuschaun.

o nein das ist nicht *helles pont*

                        es ist *hekates* kreuzweg.
und schlangennester sind erwacht und nesselflammen
locken.
bei meiner göttin eifersucht
– die einst verschwiegen noch im herd mir wohnte –
in brandsaat und verderben bin ich eingeweiht
und feuerhanfe werden schon gewebt zu kleidern . . .
die letzte wäsche wäscht mit glut und reinigt von erinnerung.

. . .

    was keiner je ahnte die gottheit bringt
    so haben auch wir es erfahren
    zum lachen das mittel das unglück erringt –
    zum zwecke des spiels das wir waren.

Anmerkungen

traumverdunsten . . .: *perdus, sans mâts* . . .: Mallarmé-Zitat

passere: dänisch. Zu deutsch »überholt«, sowohl im technischen als auch im polemischen Sinn zu verstehen.

merigarto: in der Vorstellungswelt des frühen Mittelalters bezeichnete dieses Wort »den vom Meer umgürteten Erdkreis«.
Dieses Gedicht ist Stephan Hermlin herzlich zugeeignet.

medium medea. chöre.: *mit fürsten sich verwandt zu sehn* . . .
Aus der »Medea« des Euripides. Übertr. von Curt Woyte

erde die auf erden geht etc.: Variationen einer Verszeile aus einem anonymen englischen Lied des XIII. Jahrhunderts.

Inhalt

III

Wolfgang Hilbig

Abwesenheit
Gedichte.
Fischer Taschenbuch Bd. 2316

Unterm Neomond
Erzählungen.
Fischer Taschenbuch Bd. 2322

Der Brief
Drei Erzählungen.
Fischer Taschenbuch Bd. 2342

»Diesen Dichter, der ein Arbeiter ist und mit der Wucht der
Elemente wie mit der von Haar und Traum umgeht und die
Würde der Gattung Mensch auch in der Latrinenlandschaft
bewahrt; ein großes Kind, das mit den Meeren spielt; ein
Trunkener, der Arm in Arm mit Rimbaud und Novalis aus
dem Kesselhaus durch die Tagbauwüste an ein Auenholz
zieht, dort Gedichte zu träumen, darin Traum und Alltag im
Vers sich vereinen und die in ihren Rhythmen und Klängen
Ausdruck dieser Vereinigung sind . . .
Er heißt Wolfgang Hilbig.«
Franz Fühmann

»Eine Prosa, die wie alle bedeutenden literarischen Leistun-
gen Formgrenzen sprengt und neue Möglichkeiten des Essays
in der Erzählung erschließt.«
Sibylle Cramer

Collection S. Fischer
Fischer Taschenbuch Verlag

Gert Neumann

Elf Uhr
352 Seiten, Ppbd.

»Der erfrischend selbstbewußte, kämpferische Ton, der nie
in unsensiblem, nur noch einspurigem Denken verpflichte-
tem Schreiben mündet, trifft sich mit einer Genauigkeit des
Beschreibens, die fasziniert. Gert Neumann hat sich eine
Fähigkeit zu analysierender Beobachtung angeeignet, die zu
präzisen Benennungen von Zusammenhängen, Hintergrün-
den, die sich sonst allenfalls als vage Ahnungen dem ober-
flächlichen Blick andeuten, vordringt.«
Werner Irro in
Frankfurter Rundschau

Die Schuld der Worte
Collection S. Fischer
Fischer Taschenbuch Bd. 2305

»Ein irritierendes Buch, ganz dicht, konsequent, von einer
schon bestechenden Unerbittlichkeit. Mit schwebenden Be-
zügen, die gerade dort, wo sie sich in der Schwebe halten,
etwas Eindeutiges gewinnen, ohne einen fix und fertig ver-
packten, handlich zubereiteten Sinn zu präsentieren.«
W. Martin Lüdke in
Deutschlandfunk

S. Fischer Verlag
Fischer Taschenbuch Verlag